AF312075

ÉLOGE HISTORIQUE

DE

M. SÉRULLAS.

ÉLOGE HISTORIQUE

DE

M. SÉRULLAS,

Par M. LODIBERT.

PHARMACIEN EN CHEF D'ARMÉE, MEMBRE DE LA SOCIÉTÉ.

———◦———

MESSIEURS,

Prenant la parole devant une imposante assemblée qui avait déjà écouté deux éloges, un savant et éloquent panégyriste (Cuvier) semblait exprimer la crainte que l'auditoire, long-temps attentif, ne pût se maintenir tel en sa faveur. Ce qui de sa part était un heureux artifice pour exciter une plus grande surprise, serait de la mienne l'aveu sincère de ma perplexité ; puisque, dans une situation pareille, je n'ai pas à mon usage la plus faible des immenses ressources que sa brillante imagination, son esprit fécond, son puissant génie, sa grâce naturelle, lui fournissaient pour réveiller l'attention la plus fatiguée, et la captiver d'une manière irrésistible. Une mission honorable m'est confiée. Je n'ai pas eu l'orgueilleuse témérité d'en solliciter l'honneur, ni l'ingrate pensée de m'y soustraire. Je remplis un devoir, la vérité me servira de guide, flatté si, avec son secours, je puis vous intéresser à mes récits.

Il est peu d'hommes heureusement nés que le désir de

la célébrité n'ait parfois incités dans quelques actes de leur vie. A plus forte raison ce puissant mobile de grandes actions, de généreuses pensées, de brillantes conceptions, vient-il stimuler sans cesse ceux à qui la nature a départi, avec une grande libéralité, les plus belles dispositions pour se distinguer dans la carrière dont leur vocation les a portés à faire choix, ou dans laquelle ils ont été conduits, soit par de fortuites circonstances, soit par d'impérieuses nécessités.

Que le vulgaire attribue la célébrité à la possession des richesses acquises par d'heureuses spéculations, à la promotion aux honneurs décernés par le pouvoir rémunérateur, à l'élévation aux dignités conférées par la puissance souveraine, à la jouissance des grandeurs reconnues par les lois politiques, il se laisse éblouir par un éclat d'emprunt qui disparaît avec la vie de celui sur qui il se reflète, et ne reste pas dans le souvenir des hommes. Le sage, s'il ne dédaigne absolument cette célébrité éphémère, se garde bien de lui subordonner ses actions. Conduit par la vertu ou l'honneur, secondé par l'esprit ou le génie, il aspire à une célébrité plus durable. Elle doit lui survivre, et faire passer son nom à la postérité, qui le prononce seul avec admiration et respect. C'est celle que rechercha, aidé par le génie de la chimie, le savant dont nous esquisserons la vie et les travaux, pour servir à son éloge. C'est une célébrité d'honneur, de gloire, de science et de vertu qui s'est à jamais attachée au nom de George-Simon Sérullas (1).

---

(1) Pharmacien principal d'armée, officier de l'ordre royal de la Légion d'Honneur, pharmacien en chef, premier professeur de l'Hôpital militaire d'instruction du Val-de-Grâce, maître ès-arts et en pharmacie, membre de l'Institut royal de France, Académie des sciences, associé régnicole de l'Académie royale de médecine, membre résidant de la Société libre de pharmacie de Paris, associé de la Société de pharmacie du nord de l'Allemagne, etc., etc., etc.

Né le 2 novembre 1774 à Poncin, petite ville du Bugey, aujourd'hui chef-lieu d'un canton de l'arrondissement de Nantua, département de l'Ain, M. Sérullas appartenait à une famille très-honorable, originaire d'Espagne, établie dans la Franche-Comté, avant que cette province, devenue si française, riche et heureuse conquête de Louis XIV, n'eût été détachée des vastes domaines de la monarchie espagnole, sous la domination de la maison d'Autriche.

M. Sérullas portait sur sa mâle physionomie le caractère primitif de cette origine. Son regard plein d'une noble et calme assurance qui dénote la franchise et la bonté, ses traits réguliers et bien dessinés, avaient une teinte de la fierté castillane, adoucie, dans le commerce de la vie, par l'urbanité française.

Les premières années de l'enfance se passèrent dans sa ville natale, en se livrant, avec gaieté et vivacité, aux jeux de cet âge, et auxquels venait se mêler Xavier Bichat, son camarade d'école et son meilleur ami, quoiqu'il y eût entre eux une différence d'âge qui s'efface plus tard, mais se remarque dans la première jeunesse (1).

Cette amitié était toutefois excitée par celle qui unissait leurs parens, M. Bichat, médecin et maire de Poncin, M. Sérullas, notaire et commissaire à terrier de cette ville, qui s'entendirent pour envoyer les jeunes amis au collége de Nantua, où ils firent leurs études classiques.

Ils étaient l'un et l'autre destinés à succéder à leurs pères. La fortune, ou, pour mieux dire, l'état dans lequel la révolution a placé tant d'existences, en décida autrement.

---

(1) Xavier Bichat était né, le 11 novembre 1771, à Thoirette, où sa famille avait des biens de campagne. Cette petite ville, distraite de la Bresse, fait aujourd'hui partie du département du Jura. Néanmoins, le département de l'Ain réclame, à juste titre, l'honneur d'avoir vu naître ce savant, puisque sa ville natale appartenait alors à la Bresse.

On se plaît à rechercher, dans les premières années de la vie des hommes célèbres, quelque trait propre à faire présager ce qu'ils sont devenus. Ainsi Vaucanson, enfant, laissa entrevoir son aptitude pour la mécanique la plus savante ; mais, en observant ces deux écoliers vifs et étourdis, aurait-on découvert deux hommes réservés à une grande célébrité ? L'un, initié de bonne heure aux merveilles de notre organisation et presque aux secrets de la vie, devait être un des physiologistes les plus éclairés du siècle, préparant par ses écrits, empreints de son génie, la révolution médicale consommée par M. Broussais. L'autre, obligé de surmonter de grandes difficultés pour se former tardivement à la science, devait se montrer un des chimistes les plus ingénieux de nos jours, opérant, sous le pouvoir de la chimie la plus relevée, des combinaisons surprenantes par leurs effets, et capables d'ajouter de nouveaux moyens à ceux que l'art de la guerre emprunte à la science.

Lorsque, à la voix de la patrie menacée par une formidable coalition, la jeunesse française vole aux armes, Sérullas, plein d'ardeur, de courage et de patriotisme, se range, avec les Joubert et les Dallemagne, sous les drapeaux d'un bataillon de l'Ain. Il est soldat.

On préludait dans le Nord aux combats. Le service de santé, qui conserve les hommes au milieu de l'art de les détruire, s'organisait. Bayen, créateur de la pharmacie militaire, tenait à y introduire de préférence, aux manipulateurs exercés mais illettrés, des jeunes gens doués d'une grande aptitude fortifiée par une éducation libérale, sachant qu'elle conduit à la science et rend l'art plus facile. Parfaitement dans ces conditions, Sérullas y est appelé (1ᵉʳ. août 1792) en vertu d'ordres du ministre de la guerre d'Abancourt, qui le tirent de son bataillon pour le placer élève en pharmacie à l'hôpital militaire de Grenoble, un de ceux où se formaient les officiers de santé destinés au service des armées. L'instruction y était très-élémentaire, et la doctrine de Stahl, encore en crédit auprès de quelques esprits réfractaires, était invoquée dans les leçons de pharmacie. Ce n'est donc pas à cette école que les trésors de la science ont été ouverts à Sérullas. Toutefois il n'y resta pas inoccupé. Il suivit, pendant à peu près un an, les différens cours, et s'appliqua, dans les loisirs qu'ils lui laissaient, à l'étude de la géométrie.

Attaché ensuite à l'armée des Alpes, il se trouva, à Saint-Jean-de-Maurienne, en relation de service avec un fonctionnaire militaire qui, ne pouvant le juger sous le rapport de l'instruction, mais sachant qu'il avait été destiné au notariat, le signala dans ses notes comme *un clerc de notaire travesti en pharmacien*.

A la vue de ces notes transmises d'office au conseil de santé, l'austère et impartial Bayen voulut en apprécier la valeur. Des questions sont adressées à Sérullas. La réponse fit penser que *ce clerc de notaire, heureusement transformé en pharmacien*, s'exprimant en très-bons termes, était propre à faire un excellent aide-major (1).

---

(1) Les questions adressées à cette époque, aux officiers de santé, même des grades les plus élevés, ont souvent été une garantie pour eux contre les notes dictées par la malveillance d'hommes arrivés aux premières fonctions de la haute administration, sans autre titre qu'une grande exagération d'opinions politiques, et toujours excessive lorsqu'elle était feinte. C'est ce qui a eu lieu, surtout, quand les gouvernans ont paru la commander en signe de dévouement.

Certaines dispositions réglementaires favorisaient les prétentions de ces fonctionnaires au droit de juger, du moins en quelques circonstances, de la capacité des officiers de santé.

Ce vice des réglemens n'est pas encore effacé ; toutefois il n'a plus autant d'inconvéniens. L'administration supérieure est aujourd'hui composée d'hommes élevés pour y parvenir graduellement. Les officiers de santé, moins nombreux, sont mieux connus; ceux des premiers grades, surtout, ont vieilli dans la carrière et ont fourni leurs preuves. Toujours est-il que ce vice devrait disparaître. Sans la grande sévérité de principes de Bayen, il pouvait arriver que Sérullas eût été écarté du service de santé militaire.

Il fut, en conséquence, promu à ce grade (22 septembre 1794), et attaché aux ambulances de l'armée d'Italie.

M. Laubert le reçut à Oneille, et, de son coup d'œil pénétrant, jugea ce qu'il pouvait être. Toujours voué aux sciences physiques et mathématiques, ce savant traduisait Lavoisier en italien (1). Ce fut une occasion de le faire connaître à son jeune aide. A la lecture du texte, à la vue des planches qui rendent si facile l'explication des expériences, une vive lumière brille à l'esprit de Sérullas. Un jour, brûlant de l'alcool pour voir l'eau formée se condenser sur un vase plein de glace, et démontrant le phénomène aux sous-aides réunis autour de lui, il est surpris par M. Laubert. Cette circonstance donne lieu à un cours de chimie adapté aux ressources de la pharmacie de l'hôpital. Sérullas en est établi le préparateur. Les belles expériences de la chimie de ce temps, telle que la combustion du ruban de fer dans le gaz oxigène, sont exécutées. Elles sont pour Sérullas un spectacle aussi nouveau que surprenant.

A qui l'a connu, il est facile de comprendre quel était son enthousiasme, et quelle ardeur il mettait à ses études. Brisson, Chaptal, Fourcroy, que le maître chéri lui confie, font avec Lavoisier ses délices. Les mathématiques, dont il reçoit en même temps des leçons, occupent une partie de ses nuits.

----

(1) M. Laubert, qui occupait à Naples une chaire à la Faculté des sciences, venait de gagner la France, pour se soustraire aux persécutions que le premier ministre de ce royaume (Acton) faisait éprouver aux savans soupçonnés d'être imbus des principes de la révolution française. L'ouvrage de Brisson était adressé à M. Laubert, avec une lettre de ce savant physicien. La police voit là une correspondance avec Brissot. Cette étrange méprise allait mettre en danger la liberté de M. Laubert, il en fut prévenu par un ami. Elle valut à la pharmacie militaire l'acquisition de ce savant, qui, pendant trente ans, a figuré si dignement dans les premiers grades et emplois du corps des officiers de santé militaires.

Les mouvemens de l'armée l'arrachent à ses travaux, et le font assister à la bataille de Laono (24 novembre 1795), la première qu'il ait vue.

En passant de la vie du laboratoire à celle d'avant-garde, Sérullas ne fit que changer de genre d'activité. La sienne était au camp toute militaire. Tel de ses compagnons d'armée l'a vu au feu du bivouac, conteur joyeux, exciter les autres à la gaieté qui l'animait, ne soupçonnant pas que, sous les formes qu'il revêtait si aisément, était caché un profond penseur, un homme capable de suivre, avec une sérieuse attention, les recherches délicates de la chimie transcendante, tant il savait, en ces momens, laisser de côté la science, pour se faire aux habitudes, et se soumettre aux nécessités d'une vie qui ne permet guère d'avoir souci du lendemain.

Pendant la mémorable campagne d'Italie, sujet d'une riche épopée, où, à son début dans le commandement, un jeune général arriva à la plus haute réputation militaire, Sérullas, placé à l'ambulance légère du quartier général, fut chargé des fonctions de pharmacien-major, dont il eut ensuite le brevet.

La vie d'armée, existence si aventureuse, présente chaque jour des scènes si nombreuses et si variées, que, malgré les dangers, les fatigues et les privations, elle plaît à la jeunesse, surtout quand la victoire se tient fidèle aux drapeaux. Sérullas, jeune, plein de santé et de vigueur, trouvait d'autant plus de charmes à cette vie, qu'avec le goût qu'il conservait pour l'état militaire, il était heureux de nos triomphes et habile à secourir les blessés, sa main s'étant faite, à l'hôpital militaire de Grenoble, aux opérations de la petite chirurgie.

Les préliminaires de paix de Léoben (15 avril 1797) ayant amené le traité de Campo-Formio (17 octobre 1797), qui termina, non loin de Vienne, la première guerre de la révolution, Sérullas fut placé à Padoue.

Cette ville est le siége d'une université célèbre. Près d'un temple de la science¹, restera-t-il sans le fréquenter et sans en connaître les ministres.? Il reprend ses études, et se met en devoir d'obtenir un grade académique en rapport avec la pharmacie.

Déjà il avait reçu l'épomide de maître ès-arts, et se disposait à prendre le bonnet de docteur en philosophie (ès-sciences), lorsqu'une maladie grave, suite des fatigues de la campagne et de ses veilles pour étudier, rompit ses dispositions. Elle le laissa languissant à tel point, qu'il avait demandé à se retirer du service. Son licenciement était prononcé (24 mai 1798). L'influence de M. Laubert le retint dans nos rangs.

Désigné pour la deuxième expédition d'Égypte, il se rend à Toulon. Le combat naval devant Aboukir (2 août 1798) empêche le départ de la flotte. Il rentre en Italie. Une réforme s'opérait dans le personnel du service de santé, sur lequel on a fait peser, sous tous les régimes, les mesures dites d'économie; Sérullas se vit réduit au traitement mesquin d'aide-major, tandis qu'un avancement rapide et assuré avait récompensé toutes les armes et l'administration supérieure. Parmentier ne le laissa pas gémir long-temps sous le poids de cette décourageante disposition administrative.

Pendant son séjour à Toulon, Sérullas suivit les exercices de l'hôpital militaire d'instruction. Laugier y professait la chimie. D'un accès si facile et d'un commerce si agréable, ce jeune pharmacien militaire accueille avec empressement son camarade si franc et si expansif. Il se forme entre eux une connaissance tellement voisine de l'amitié, qu'ils ne passaient pas un jour sans se visiter l'un ou l'autre. Si leurs conversations, dont la science fournissait habituellement le sujet, se sont parfois portées sur leur avenir, pouvaient-ils, en l'interrogeant, y voir cette célébrité qu'ils ont acquise, si désireux qu'ils en fussent? Auraient-ils dit, l'un, l'analyse me fera découvrir la composition inconnue d'un grand nombre de corps, et j'y porterai une telle précision, qu'aucun de mes travaux ne présentera la plus légère erreur; l'autre, la synthèse sera mise en jeu par moi, j'associerai, par d'ingénieux procédés, des corps qui donneront naissance aux produits les plus étonnans que la chimie ait créés.

Que n'avons-nous l'art d'établir un riche parallèle entre ces deux savans, honneur de la pharmacie, que nous avons vus marchant simultanément au même but, par des voies opposées (l'analyse et la synthèse), et rivaux de gloire, se chérir, s'estimer, et enfin, réunis par une destinée commune et bien déplorable, disparaître du milieu de nous, durant une de ces grandes calamités qui portent l'effroi dans les esprits et la tristesse dans les cœurs.

Terre classique des beaux-arts, l'Italie en inspire le goût à ceux qui habitent ses belles cités. La musique surtout, qui semble faite pour sa langue gracieuse et modulée, y est l'objet d'une sorte de culte. Sérullas, dont l'âme recherchait de douces émotions lorsque son esprit n'était pas jeté dans de profondes méditations, se passionne pour elle. Sa naturelle impatience ne s'accommodant pas aux difficultés de la partie instrumentale, il se contente de prendre part, en amateur instruit, aux jouissances que procure cet art, charme et délices des âmes sensibles.

Les armées, qui éprouvent de longs revers, voient se traîner à leur suite un fléau dévastateur. Nos bataillons, pressés de tous côtés par de nombreux ennemis, revenaient, du fond de l'Italie, sur nos frontières, le typhus frappait tout à la fois soldats, officiers, généraux, administrateurs, et particulièrement les officiers de santé, encore plus exposés à ses coups.

Sérullas en fut atteint; il était mourant lorsqu'il fut recueilli par la bonté compatissante d'une dame dont les soins généreux lui conservèrent la vie. Pénétré de reconnaissance, il l'exprime en termes touchans et affectueux. Il lui donne les formes du plus tendre sentiment. Ainsi, la fille de M. de Clavesane, pourvue des plus éminentes qualités du cœur, préférables, aux yeux de Sérullas qui en sent tout le prix, aux agrémens passagers de la beauté, devint sa compagne (3o mai 18oo) (1). Il la chérit.... Ses longs et douloureux regrets l'attestèrent, quand il la perdit après vingt-six ans d'union. Elle ne lui laissa pas d'enfant, le fils qu'il en avait eu étant mort en bas âge.

Dans la condition nouvelle où son mariage le plaçait, Sérullas, quoique fort jeune (il avait vingt-six ans), sentit son goût pour la vie des camps bien amorti, et lorsque la victoire, ramenée sous nos étendards par la bataille de Marengo, nous eut rendu l'Italie, il préféra et obtint les emplois du service sédentaire. Ainsi le bonheur domestique, pour lequel il était fait, car son cœur était aimant, sensible et généreux, vint compenser la perte du traitement de son grade, dont le priva de nouveau une nouvelle organisation à la fin de la deuxième campagne d'Italie.

A la réunion du Piémont à la France, Parmentier le proposa au ministre pour diriger la pharmacie centrale de Turin. Les occupations du laboratoire le préparèrent à recevoir, sans la plus légère faveur, le diplôme de maître

---

(1) La famille de madame Sérullas appartient à la noblesse d'Italie, son origine est probablement française ; elle est alliée à l'ancienne maison Adhémar, qui, dans des temps reculés, a gouverné à titre de souveraineté, Gênes et Montélimart, dans le Valentinois (partie du Dauphiné). Sérullas, que la science et son beau caractère anoblissaient, avait été accueilli avec empressement par les membres de cette maison.

En communiquant son mariage à un de ses amis intimes (M. L.), Sérullas disait : Si ma femme n'a pu jouir du bienfait de Jenner, elle possède une grâce particulière aux dames d'Italie : je lui trouve la belle âme de ma mère, et, comme à ma mère, je lui dois la vie.

en pharmacie. Ce fut par amour pour notre art qu'il voulut le mériter; car alors, n'étant pas exigé, il n'ajoutait rien à ses droits dans le service militaire.

Succédané du sucre, le sirop de raisin devint, par l'impulsion de Parmentier, le sujet des travaux de plusieurs pharmaciens militaires. Sérullas, surtout, s'en occupa avec son ardente activité. La Société de pharmacie de Paris avait mis au concours une question sur la matière sucrée des végétaux et les moyens de l'obtenir. Il la traita avec distinction. Une médaille d'or lui fut décernée. Nous avons les témoignages du plaisir que lui causa cet honorable succès, et de l'heureuse direction qu'il donna à son esprit. Cette compagnie peut aujourd'hui s'applaudir d'avoir ouvert à ce pharmacien militaire la carrière qu'il a si dignement parcourue. La gloire qu'il s'y est acquise rejaillit autant sur la pharmacie des cités que sur la pharmacie des camps, deux sœurs amies et inséparables.

Placé depuis long-temps sur un tableau d'avancement, Sérullas aurait été pharmacien principal à la grande-armée réunie pour l'expédition de Russie, si une fièvre intermittente ne l'avait retenu à Alexandrie, où il était pharmacien en chef de l'hôpital militaire.

Cette circonstance conserva Sérullas à la science. Sa santé, déjà bien affaiblie, l'astreignait à un régime sévère. Comment, obligé de vivre d'alimens choisis et légers, se serait-il accommodé des mets grossiers et pesans du mougick russe? Comment, accoutumé à l'atmosphère douce et vivifiante de l'Italie, aurait-il supporté l'âpre et stupéfiant du climat du Nord? Comment, enfin, aurait-il résisté à l'affreuse calamité qui frappait l'armée en retraite (expressions du 29ᵉ. bulletin)?

Dans cette grande catastrophe, les officiers de santé souffrirent plus encore que les combattans. La contagion les atteignait auprès des malades, et le fer ennemi se dirigeait également sur eux dans cette confusion d'armes. La mort ou la captivité fut la destinée du plus grand nombre d'entre eux (1).

Le service de santé recomposé pour la campagne de 1813, Sérullas devint pharmacien principal du troisième corps d'armée, commandé par le maréchal Ney. Les brillans succès de Lutzen, de Bautzen, de Wurtchen, d'Hochkirck et de Lowemberg, semblaient devoir reproduire les beaux jours de l'armée d'Italie. Sérullas caressait ce séduisant espoir. Combien il lui fut pénible de l'abandonner ! la reprise des hostilités fut suivie de tant de désastres !

A la funeste bataille où un prince étranger, mais naguères illustré sous les couleurs de la France, obtint sur ses anciens compagnons d'armes et de gloire des avantages dont le souvenir doit l'obséder, Sérullas se vit exposé à d'imminens dangers, au milieu d'une retraite

---

(1) Des dix pharmaciens en chef et principaux, attachés aux corps d'armée formant la Grande-Armée qui pénétra en Russie, un seul (M. L.), pharmacien en chef de l'aile droite (4e. et 9e. corps), repassa le Niémen avec le pharmacien général de cette armée (c'est sous ce titre que Napoléon désignait M. Laubert). Ainsi, Sureau, pharmacien en chef de la garde impériale, Gouverneur aîné et Coquilliette, pharmaciens principaux, périrent de froid sur la route. Bruloy père, inspecteur, Ramonet et Reynard, principaux en titre, restèrent malades à Wilna, avec Desertine et Chaumont, principaux provisoires, qui tous les deux y moururent du typhus.

Les pharmaciens des autres grades ne furent pas moins malheureux. Les pertes de la médecine et de la chirurgie ne furent pas moins nombreuses.

Dans cette terrible circonstance, M. le baron Desgenettes, premier médecin de l'armée, et inspecteur-général, resté prisonnier à Wilna, devint une providence pour ses compagnons d'infortune, en mettant à profit l'accueil qu'il reçut de l'empereur Alexandre et du grand-duc Constantin, pour conserver dans cette ville les officiers de santé qu'on devait, malgré la rigueur de la saison, conduire plus loin. Il se servit de son influence pour empêcher qu'un pharmacien-major qui, dans son désespoir, avait oublié la discipline militaire, ne fût déporté en Sibérie.

précipitée, qui l'entraîna, après une longue marche, dans les bruyères d'Annabourg, où la nuit le surprit.

Un allemand né, descendant des religionnaires de la colonie française de Berlin, se montra fidèle à son ancienne origine, en lui donnant asile pendant deux jours et en le faisant conduire déguisé à Torgau. Il partagea dans cette forteresse le triste sort de sa garnison, blocus, bombardement, disette, maladie et captivité : que de maux à la fois et quelles terribles épreuves pour le cœur de Sérullas, brûlant de l'amour de la patrie, dont chaque jour lui apprenait les désastres.

A sa rentrée en France (1814), il fut chargé d'un service d'inspection dans les hôpitaux de Paris, encombrés des malades de l'armée des rois ligués contre nous. Il sut prévenir des conflits d'autorité et modérer des exigences. Les officiers de santé supérieurs des Alliés apprirent à l'estimer, plusieurs d'entre eux s'annoncèrent, de leur propre mouvement, disposés à attirer sur lui les faveurs de leurs souverains; mais il fallait se montrer flatté de les obtenir. Pour lui, il pensa que l'étoile de l'honneur brillant sur sa poitrine ne pouvait être associé à des ordres étrangers, s'il ne les avait pas reçus, sous nos drapeaux, aux jours heureux de la victoire (1).

La paix qui donne le repos aux combattans et leur apporte la récompense de leur valeur et de leur courage, compromet parfois l'existence des officiers de santé, et ne leur laisse souvent que le stérile souvenir d'un devoir tout d'humanité, rempli avec dévouement et succès. Sérullas, qui avait déjà éprouvé en Italie l'injustice des réformes, dut la subir encore, en acceptant, pour

---

(1) Deux pharmaciens-majors furent pourtant, sans l'avoir sollicité, nommés chevaliers d'un ordre de Russie ; ils s'abstinrent d'en porter les insignes, tant que les soldats du Nord pesèrent sur le sol de la patrie.

ne pas perdre vingt-deux ans de service, une commission de pharmacien-major adjoint, et ensuite de deuxième professeur à l'hôpital militaire d'instruction de Metz.

Le grand événement du mois de mars 1815 le reporte sur le théâtre de la guerre. Il est témoin des malheurs de la journée du 18 juin, sous le Mont-St-.Jean, et suit l'armée au delà de la Loire. Dirons-nous qu'il fut exposé de nouveau à de grands dangers, qu'il perdit encore ses bagages? c'était l'inévitable effet d'un si funeste revers.

Le licenciement de l'armée entraîna de rechef une grande réforme dans le corps des officiers de santé militaires. Cette fois du moins elle n'atteignit pas Sérullas. Il revient à Metz prendre possession de la chaire et de l'emploi de pharmacien en chef, premier professeur. Au lieu de l'histoire naturelle des médicamens qu'il avait enseignée étant deuxième professeur, il aura la chimie dans ses attributions. Les officiers des armes savantes (artillerie et génie), tous élèves de l'École polythecnique, habitués à l'éloquence des oracles des sciences physiques et mathématiques, peuvent être ses auditeurs. Que d'études, que de travaux, n'entreprend-il pas pour se remettre au courant de la science et se montrer digne du nombreux et brillant auditoire que la curiosité amène d'abord, et que le plaisir attire ensuite! On l'écoute avec intérêt, on l'applaudit avec enthousiasme. Amant de la gloire, sensible à l'honneur, estimé et chéri, il était heureux à Metz; aussi hésitait-il à quitter cette ville, lorsque M. Laubert lui offrit, en 1825, le poste de pharmacien en chef, premier professeur, du Val-de-Grâce, dont le titulaire venait d'être appelé à la garde royale. Sa modestie ne lui permettait pas de voir le fauteuil académique qui l'attendait : ses amis (il m'était doux de l'être) triomphent de ses incertitudes. Le

vénérable patriarche de la pharmacie militaire (M. Laubert) renonçant à ses fonctions dans la haute direction
du service de santé des armées , lègue sa pensée à son
successeur (M. Fauché), qui , jaloux de se montrer digne d'un si bel héritage, propose avec ses collègues du
conseil de santé (MM. le baron Desgenettes et Gallée),
au ministre de la guerre, d'appeler Sérullas au Val-de-
Grâce.

Il y vient ajouter l'honneur de son nom à la belle
renommée que cette École de médecine, chirurgie, et
pharmacie militaires, tient de M. Broussais qui l'a rendue
le théâtre de la grande révolution médicale opérée par
sa doctrine.

Un ami du merveilleux se plairait à faire ressortir la
circonstance fortuite de la naissance de Sérullas dans
l'année même que Schééle découvrit le chlore , et la
présenterait comme un de ces événemens disposés par
une prévoyante et suprême autocratie dirigeant la marche progressive des sciences, et découvrant successive-
ment ses secrets, afin de tenir l'esprit humain en activité , et de ne pas laisssr le génie sans moyen de montrer son pouvoir. C'est ainsi que Sérullas aurait été ré-
servé pour continuer les travaux de Schééle, c'est sur
lui qu'aurait été transportée sa grande habilité. A cet
effet , il lui aurait été attribué cet instinct qui l'a porté,
par une prédilection remarquable , à choisir certains
corps (chlore, cyanogène, etc.) qui nous seraient probablement inconnus sans les travaux du pharmacien célèbre de Koeping. Obéissant à ce singulier instinct,
l'iode, le brôme qui ont une telle analogie avec le chlore,
qu'on les croirait une modification l'un de l'autre , seraient alors devenus, comme celui-ci , le sujet de ses
recherches pour les marier et donner naissance à des
composés des plus étonnans que la chimie puisse créer.

Ces corps ne sont pas les seuls que Sérullas ait su

soumettre de cent façons diverses au pouvoir synthétique de la science. Le sélénium, l'arsenic, l'antimoine, le potassium, le sodium, le phosphore, le soufre, le carbone, l'hydrogène, l'azote, etc., etc., sembleraient lui être particulièrement destinés, tant il a mis de talent et de sagacité à les exploiter. Comme le guerrier qui cherche la gloire dans les entreprises les plus audacieuses, il se plaisait aux essais les plus périlleux. Des explosions inévitables, des déflagrations spontanées, des vapeurs délétères capables de frapper tout à coup de mort, ne pouvaient l'intimider. Aussi heureux que téméraire sur ce singulier champ de bataille qu'il s'était fait, il ne lui est rien arrivé de fâcheux. Nous ne ferons pas plus que lui état de mains brûlées, de vêtemens lacérés, de visage sillonné par des jets de feu, par des tourbillons de flammes, par des éclats de ses instrumens brisés. Il riait alors de la peur que ses élèves avaient qu'il ne fût blessé.

Tel nous l'avons vu ici nous pénétrer d'étonnement et d'admiration par la singularité des phénomènes qu'il produisait et la hardiesse qu'il y mettait, bien plus étonnant et bien plus hardi il était dans son laboratoire. Là, il ne faisait pas ses expériences en petit.

On rapporte que Rouelle l'aîné, possédé aussi du démon de la chimie, annonçant à ses auditeurs pressés autour de lui, que l'effet de l'expérience qu'il prépare est comparable au fracas d'un obus volant en éclats, les fai tainsi s'écarter, tandis qu'il se tient près de son fourneau brisé en mille pièces par une violente détonation.

C'est à peu près de même que Sérullas, éparpillant son charbon fulminant sur une grande table, au milieu d'un cercle formé par le ministre de la guerre, l'intendant général et un nombreux état-major, dit que cette poudre prend feu et détone au contact de l'eau, voit

s'élargit le cercle , et aussitôt de ses deux mains pro-
jette l'eau en pluie. Là, au milieu de la flamme et de
la fumée , il jouit de la surprise excitée par cet étrange
moyen incendiaire.

Ce charbon fulminant, résultat de l'alliage du potassium et de l'antimoine avec du carbone interposé, éclaire
la théorie du pyrophore auparavant obscure et incer-
taine. Il peut devenir un redoutable moyen de des-
truction, puisque porté , avec les précautions néces-
saires , sous l'eau , fût-ce même à de grandes profon-
deurs , il enflamme la poudre à canon. La machine in-
fernale maritime ou torpille de Fulton, la machine in-
fernale de siége ou projectile incendiaire de Savart ,
peuvent , pensons-nous , recevoir des perfectionnemens
par ce pyrophore de Sérullas. Toutefois ne désirons
pas un essai de ce genre. Les hommes sont déjà trop
habiles à se détruire.

D'ingénieuses recherches sur les préparations stibiées
ont prouvé qu'excepté le tartre émétique cristallisé,
elles contiennent toutes de l'arsenic. L'arrêt du parlement
de Paris, qui interdisait l'emploi médical de ce sel anti-
monial, aurait eu bien plus de force s'il avait pu être ap-
puyé par un considérant tiré de ce fait ; car le Codex de
ce temps , qui le faisait préparer par évaporation à sic-
cité , lui laissait ce dangereux métal.

Les alliages de potassium et de sodium ont donné lieu
à de curieuses expériences. Le tournoiement qu'ils éprouvent sur une nappe de mercure et d'eau tient à une
action électro-chimique. Il a, pour l'explication de ce
phénomène, la priorité sur Davy ; excité par des amis qui
s'intéressaient à sa gloire, il la revendiqua. Elle ne lui
est plus contestée.

Père de tant de découvertes , le hasard n'a été pour
rien dans les siennes, il a toujours agi d'après une in-
tention arrêtée. Souvent il les a reprises à diverses fois

pour les perfectionner. De combien de mémoires les combinaisons du chlore avec le cyanogène n'ont-elles pas été l'objet ; le dernier qu'il lut à l'Académie des sciences en traitait. Le chlorure de cyanogène est aussi singulier par ses propriétés physiques, qu'il est terrible par ses propriétés vénéneuses. Les plus faibles doses et même son invisible vapeur portée sur l'organe olfactif ont un effet foudroyant. Quel amour de la science ne fallait-il pas pour en braver les dangers ?

L'hydriodure de carbone offre à la thérapeutique un agent nouveau et puissant dans les affections du système lymphatique. M. le professeur Willaume, ami de Sérullas long-temps son collègue à l'hôpital d'instruction de Metz, a reconnu qu'il ralentit prodigieusement l'action du cœur.

L'hydrocarbure de brôme est un composé fort singulier ; il est incolore, plus dense que l'eau, son odeur est pénétrante, éthérée ; sa saveur est sucrée ; sa volatilité est très-grande. Le proto-iodure de carbone lui fournit un analogue.

Pharmacien, il ne nous est pas permis de passer sous silence son ingénieux procédé pour obtenir, très-pur, l'hydriodate de potasse devenu médicament officinal fort usité. Il consiste à traiter l'alcool iodé par l'alliage de potassium et d'antimoine. Tout se trouve à l'état naissant par la présence du potassium, l'oxide, l'hydrogène et l'iode lui-même, puisqu'il est en dissolution.

L'acide iodique, ou ce qui revient au même, le perchlorure d'iode qui passe en se dissolvant dans l'eau à l'état d'acide iodique et d'acide hydrochlorique, arme la médecine légale d'un moyen pour découvrir le plus horrible des crimes, l'empoisonnement par les alcaloïdes vénéneux et leurs sels. Il donne aussi à la pharmacie un agent certain pour reconnaître la bonté des quinquinas, par la quantité des alcaloïdes qui leur sont propres.

L'acide oxichlorique est un composé aussi curieux que l'acide perchlorique, produit de la distillation du premier; tous les deux sont doués de la singulière propriété d'enflammer le papier qui en est imbibé, et de donner alors le spectacle fort étonnant d'une combustion spontanée et soudaine par un liquide limpide comme l'eau, et accompagnée de scintillations vives et brillantes ou de pétillemens éclatans et précipités. C'est en outre un réactif précieux qui décèle la présence de la soude et de la potasse.

Le mémoire qui traite de l'action de l'acide sulfurique sur l'alcool suffirait seul pour donner à son auteur la réputation de chimiste habile et ingénieux, tant il est riche de faits importans. L'autorité des savans qui s'étaient occupés avant lui de ce sujet est si imposante, qu'il semblait téméraire de l'aborder. Il a porté sur l'éthérification une vive lumière qui en simplifie la théorie ou l'explication.

Si enclins que nous fussions de conduire plus loin cette sorte d'analyse des travaux de Sérullas, en vous exposant que son oxacide de cyanogène est bien différent de tous les composés connus avant lui, sous le nom d'acide cyanique qu'il lui a donné, et vous faire observer ainsi que s'il a créé de nouveaux corps, il a prouvé la non-existence de plusieurs qui étaient admis (acide iodo-sulfurique, acide iodo-nitrique, acide iodo-phosphorique); en vous rappelant ses observations sur le chlorure d'azote, corps qui semble recéler la foudre, tant il est terrible quand il éclate ; en citant seulement son chloro-phosphure de soufre, son hydrogène bi-carboné de forme cristalline, ses bromures d'arsenic, de bismuth, d'antimoine, de sélénium, de silicium, son éther hydrobromique, ses chlorates à base d'alcaloïde, etc., etc. : nous ne saurions oublier qu'elle a été présentée par un de nos savans collègues (M. Virey), d'une manière si succincte, et tout à la fois si claire , qu'il nous est permis de terminer ici la nôtre. Nous le devons d'autant mieux, que la vie militaire de Sérullas qui s'est passée sous nos yeux, ou est venue à notre connaissance par les entretiens de l'amitié , nous ayant offert tant de souvenirs, nous n'aurions pu suivre pas à pas sa vie scientifique , sans aller trop au delà des limites qu'il convenait de nous prescrire.

Parvenu aux suprêmes honneurs académiques, Sérullas ne s'arrêta pas à la pensée qu'il avait assez fait pour sa gloire ; il ne s'abandonna pas au repos, où peut jeter la crainte de ne pas soutenir assez dignement l'honneur du premier corps savant de la France : disons mieux , du monde cilivisé. A l'exemple de Vauquelin , auquel il succédait, travaillant avec la même ardeur , il se montra toujours digne de lui-même et de l'Académie des sciences qui avait reconnu et récompensé ses mérites en la recevant dans son sein. Bientôt après le ministre de la guerre, souscrivant aux vœux du conseil de santé , voulut, pour sa part , honorer ce savant pharmacien militaire , en faisant au roi la demande agréée, par sa majesté, de l'élever au grade d'officier de la Légion-d'Honneur.

Tout semblait concourir au bonheur de Sérullas. Cuvier, ce grand interprète de la nature morte et vivante, ce géant de la science qui s'était rendu, par son génie , le contemporain de la création, l'aimait et l'estimait. Il avait employé son immense crédit pour le faire succéder au muséum d'histoire naturelle à Laugier, qui avait si honorablement occupé la chaire où Fourcroy, ce brillant orateur de la chimie, s'était long-temps assis. Sérullas y montait ; la mort l'arrêta sur ses marches !!! il la vit sans effroi. Sa vie était pure. S'il exprima des regrets, c'est qu'il fallait écarter l'idée du bien qu'il voulait faire et de travaux qu'il méditait, renoncer à l'espoir de réunir autour de lui, son père respectable vieillard octogénaire,

son jeune frère qui a pieusement reçu son dernier sou-
pir, et sa sœur qui a succombé à la douleur de l'avoir
perdu. La terre où il avait vu, plein de tristesse et pour
suivi d'un fatal pressentiment, déposer Laugier et Cuvier
s'ouvrit bientôt après pour le recevoir. Que de découvertes s'y trouvent enfouies !!!

Celles qu'il laisse inscrites dans les registres de la
science, sont un monument éternel élevé à la gloire de
son nom. La pharmacie à laquelle il appartint par sentiment de goût, d'affection, et de devoir, a part à cette
gloire. La Société de pharmacie de Paris devint son
interprète, en décidant d'un vote unanime que les traits
de Sérullas seraient reproduits par l'art du statuaire.
L'École spéciale, véritable faculté qui instruit et crée les
licenciés de cet art, et à ce titre son représentant, s'asso-
cie à cet acte en permettant que la solennité de ce jour,
où le mérite couronné fait espérer de dignes successeurs
à cet illustre pharmacien, prêtât son éclat à notre hom-
mage. Grâces lui soient rendues! Le buste de Sérullas
aujourd'hui inauguré dans cette enceinte (1), au milieu des
images révérées des Houel, des Boulduc, des Rouelle,
des Pia, des Baumé, des de Machy, des Cadet, des Pel-
letier, des Guiart, des Parmentier, des Vauquelin, des
Henry, et à côté des Fourcroy, des Chaptal, des Lau-

(1) Le buste de Sérullas avait été inauguré quelques jours auparavant,
dans le grand amphithéâtre de l'hôpital militaire d'instruction du Val-
de-Grâce, et placé à côté de celui de Bichat. Cette inauguration s'était
faite au milieu de la pompe militaire, déployée à la distribution solen-
nelle des prix décernés aux lauréats de cette école.

M. le docteur Brault, un des professeurs de ce bel établissement,
sut, dans une courte et brillante allocution, présenter un exposé rapide
de la vie et des travaux de Sérullas, dont il s'honore d'être le disciple,
et qu'il remplace provisoirement.

M. le docteur Desruelles, chirurgien-major démonstrateur, avait
déjà, dans le discours d'apparat, fait en peu de mots l'éloge de ce
savant, et déploré avec beaucoup de sensibilité sa perte.

gier, témoignera de notre amour pour les vertus dont son cœur fut l'inviolable sanctuaire, de notre admiration pour les talens dont son génie était l'éclatant foyer, et des regrets profonds qu'excite parmi nous sa fin prématurée.

IMPRIMERIE ET FONDERIE DE FAIN, RUE RACINE, N°. 4,
PLACE DE L'ODÉON.